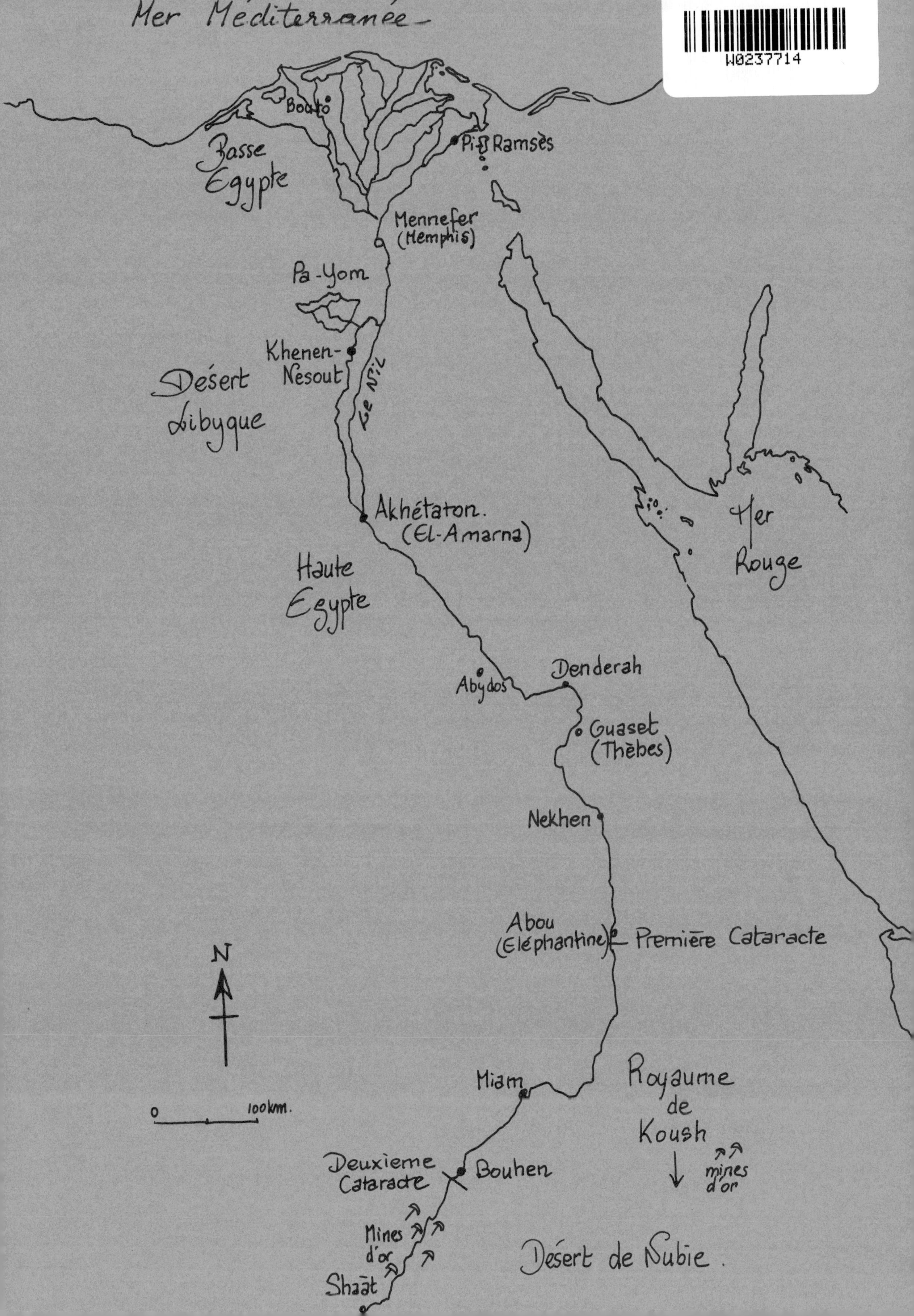
Mer Méditerranée
Bouto
Basse Egypte
Pi-Ramsès
Mennefer
(Memphis)
Pa-Yom
Khenen-Nesout
Désert Libyque
Le Nil
Akhétaton
(El-Amarna)
Haute Egypte
Mer Rouge
Abydos
Denderah
Guaset
(Thèbes)
Nekhen
Abou
(Eléphantine)
Première Cataracte
N
0
100km.
Miam
Royaume de Koush
Deuxieme Cataracte
Bouhen
mines d'or
Mines d'or
Shaât
Désert de Nubie

ALORS?

LA TOMBE A ÉTÉ CONSOLIDÉE ET BALAYÉE, SEIGNEUR KHAEMOUASET.
TOUT EST PRÊT, ET LES MAÎTRES ARTISANS SONT AUSSI ARRIVÉS.
BIEN. QUE LES OUVRIERS AILLENT SE REPOSER. JE VIENS, ET SURTOUT QUE PERSONNE NE PÉNÈTRE DANS LA CHAMBRE FUNÉRAIRE !
NUL N'OSERAIT Y ENTRER SANS TA PROTECTION, SEIGNEUR !
...
À LEURS YEUX, JE SUIS UN ORIGINAL, N'EST-CE PAS, MERESANKH ?
BIEN PLUS, SEIGNEUR : ILS TE CRAIGNENT.
TU ES LE FILS DU ROI ET LE GRAND PRÊTRE DE PTAH.
TES OUVRIERS RESTAURENT LES TOMBES ANCIENNES, TU CONNAIS LES MYSTÈRES ET LA MAGIE DES MORTS.

TU MARCHES SUR LEURS TERRES, TU AIMES CELA ET ÇA SE VOIT.

Vallée des Reines. Au 39 du règne d'Ousermaatré Sétépenré Ramsès*.
ILS NOUS ATTENDENT. ALLONS-Y.

*Ramsès II.

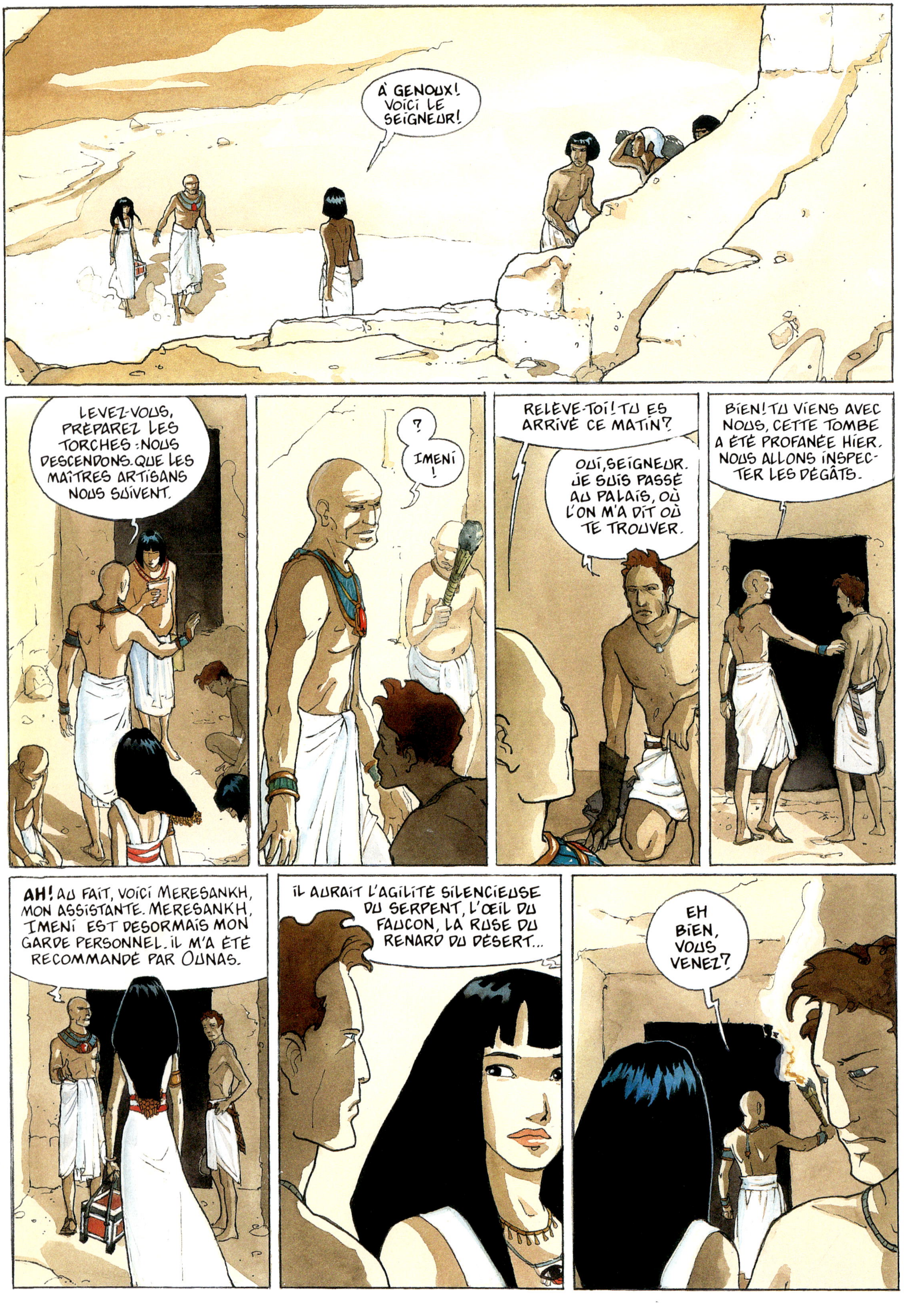

À GENOUX! VOICI LE SEIGNEUR!
LEVEZ-VOUS, PRÉPAREZ LES TORCHES : NOUS DESCENDONS. QUE LES MAÎTRES ARTISANS NOUS SUIVENT.
?
IMENI !
RELÈVE-TOI! TU ES ARRIVÉ CE MATIN?
OUI, SEIGNEUR. JE SUIS PASSÉ AU PALAIS, OÙ L'ON M'A DIT OÙ TE TROUVER.
BIEN! TU VIENS AVEC NOUS, CETTE TOMBE A ÉTÉ PROFANÉE HIER. NOUS ALLONS INSPECTER LES DÉGÂTS.
AH! AU FAIT, VOICI MERESANKH, MON ASSISTANTE. MERESANKH, IMENI EST DÉSORMAIS MON GARDE PERSONNEL. IL M'A ÉTÉ RECOMMANDÉ PAR OUNAS.
IL AURAIT L'AGILITÉ SILENCIEUSE DU SERPENT, L'ŒIL DU FAUCON, LA RUSE DU RENARD DU DÉSERT...
EH BIEN, VOUS VENEZ?

BON. TOUS CEUX QUI SONT LÀ ONT LEURS AMULETTES? JE RÉCITERAI DES PRIÈRES D'APAISEMENT POUR LA DÉFUNTE DANS LA CHAMBRE FUNÉRAIRE ...
LA MORTE ÉTAIT PROCHE DE MA GRAND-MÈRE TUYA, C'EST UNE DES RAISONS POUR LESQUELLES JE M'OCCUPE DE L'AFFAIRE. IMENI, NOUS PASSONS DEVANT!
...ET L'AUTRE RAISON, SEIGNEUR ?
REGARDE AUTOUR DE TOI. LE PILLAGE A MANIFESTEMENT ÉCHOUÉ!
LES PILLEURS N'ONT RIEN EMPORTÉ. LE GARDIEN LES A ENTREVUS: ILS AVAIENT L'AIR TERRORISÉS.
ET JE VEUX SAVOIR POURQUOI.
AH! VOICI LE PASSAGE CREUSÉ POUR ACCÉDER À LA CHAMBRE FUNÉRAIRE...
LE SARCOPHAGE A ÉTÉ OUVERT ...
QUE TOUS RESTENT ICI! JE RENTRE SEUL AVEC IMENI DANS CETTE SALLE!
?!
SORTEZ! SORTEZ TOUS HORS DE CETTE TOMBE!
QUE MERESANKH SEULE RESTE ET ME REJOIGNE.

* LES HIÉROGLYPHES.

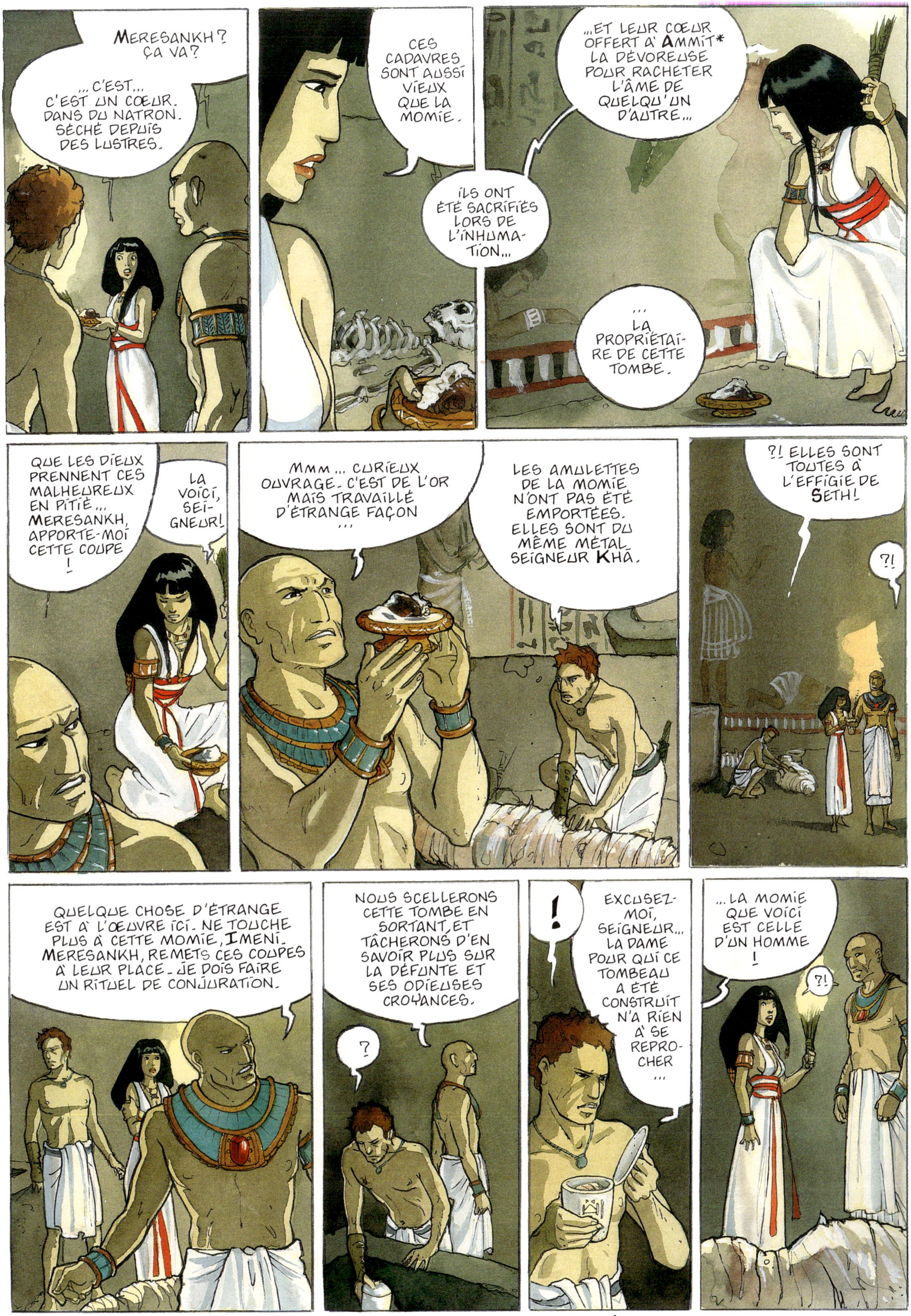

*MONSTRE MI-CROCODILE, MI-HIPPOPOTAME, DÉVOREUR DU COEUR (ET DONC DE L'ÂME) DES CRIMINELS.

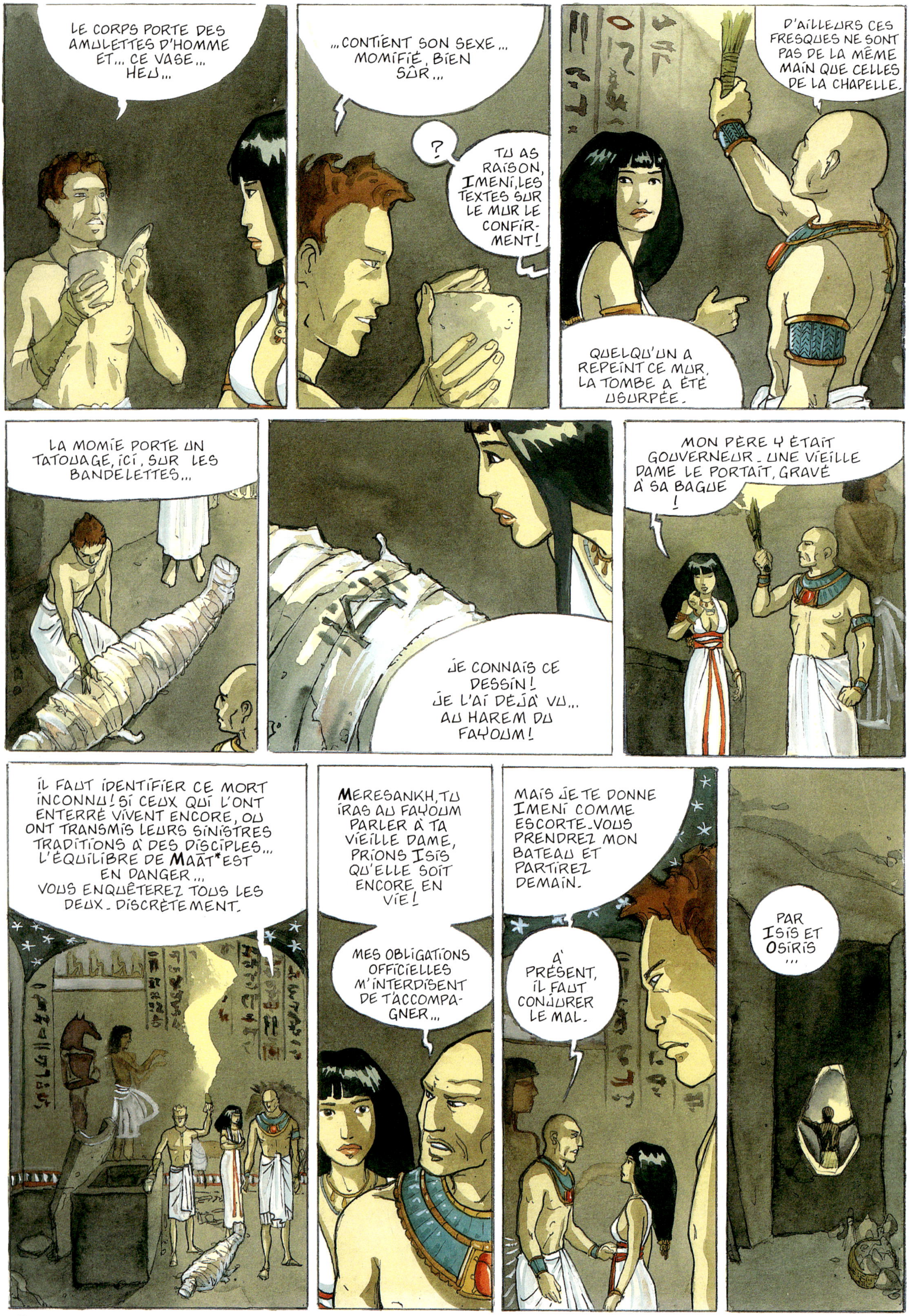

* MAÂT : DÉESSE DE L'ORDRE ET DE LA JUSTICE.

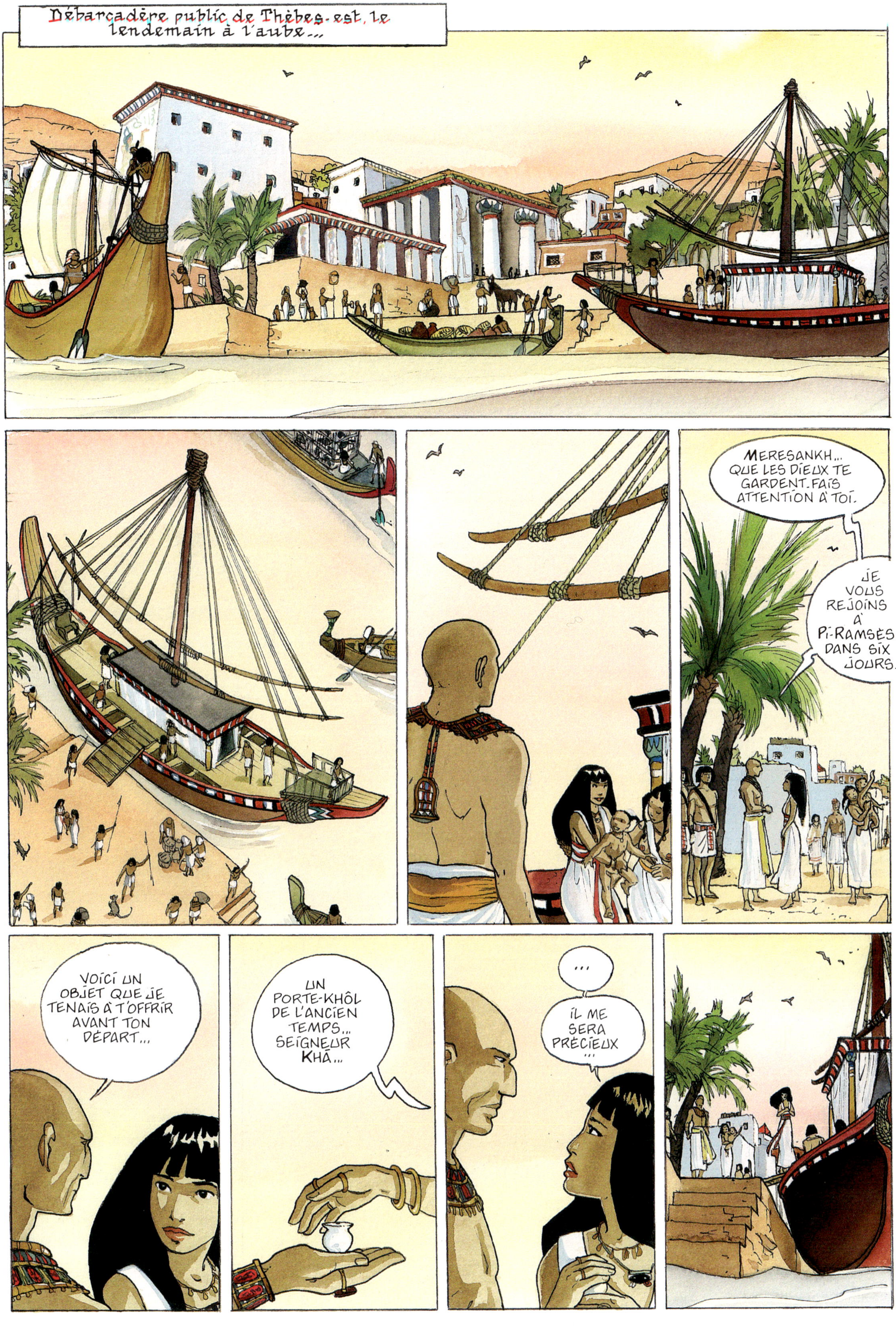
Débarcadère public de Thèbes-est, le lendemain à l'aube...
MERESANKH... QUE LES DIEUX TE GARDENT. FAIS ATTENTION À TOI.
JE VOUS REJOINS À PI-RAMSES DANS SIX JOURS.
VOICI UN OBJET QUE JE TENAIS À T'OFFRIR AVANT TON DÉPART...
UN PORTE-KHÔL DE L'ANCIEN TEMPS... SEIGNEUR KHÂ...
...
IL ME SERA PRÉCIEUX ...

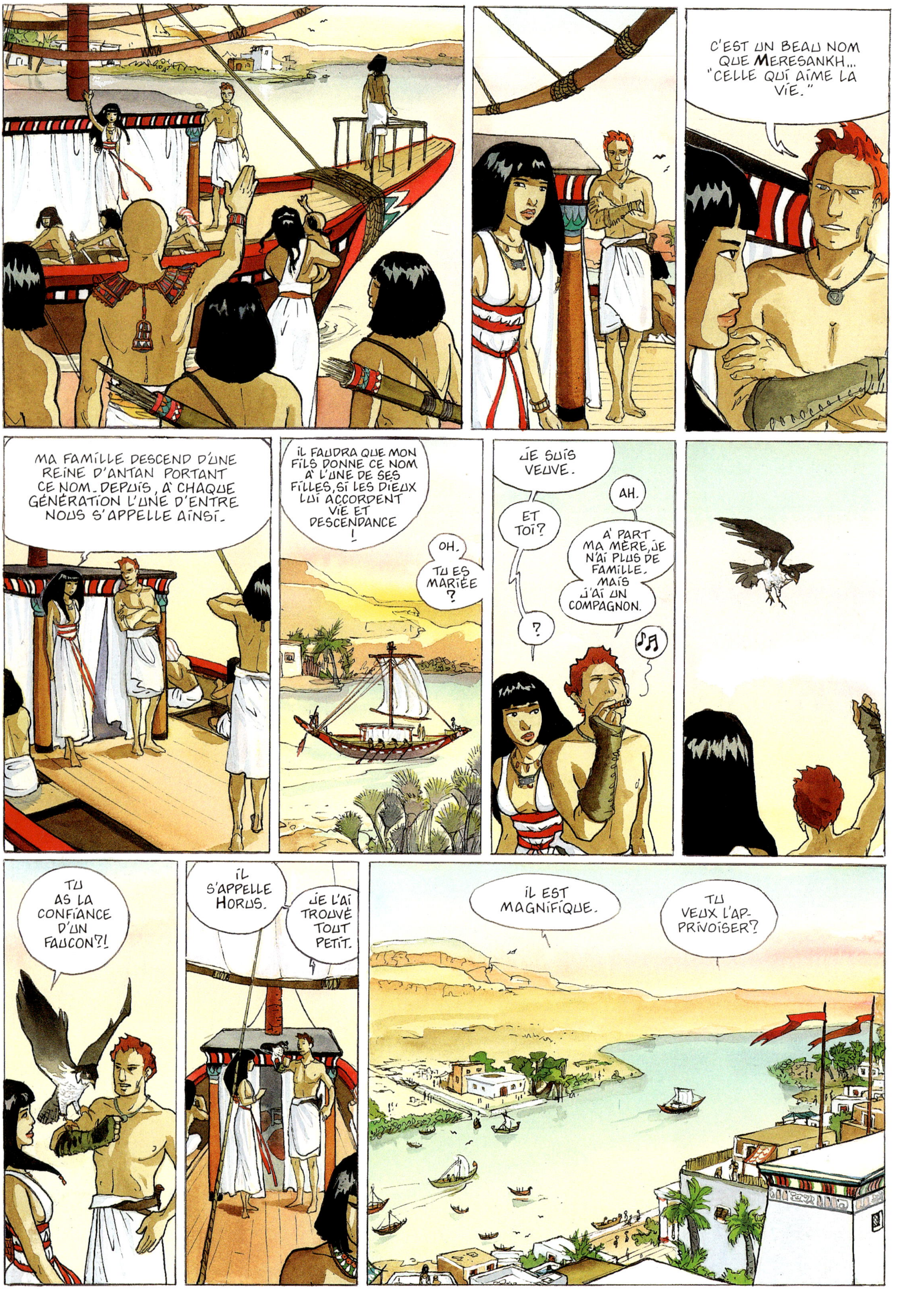
C'EST UN BEAU NOM QUE MERESANKH... "CELLE QUI AIME LA VIE."
MA FAMILLE DESCEND D'UNE REINE D'ANTAN PORTANT CE NOM. DEPUIS, À CHAQUE GÉNÉRATION L'UNE D'ENTRE NOUS S'APPELLE AINSI.
IL FAUDRA QUE MON FILS DONNE CE NOM À L'UNE DE SES FILLES, SI LES DIEUX LUI ACCORDENT VIE ET DESCENDANCE !
OH. TU ES MARIÉE ?
JE SUIS VEUVE.
ET TOI ?
AH.
À PART MA MÈRE, JE N'AI PLUS DE FAMILLE. MAIS J'AI UN COMPAGNON.
?
♪♫
TU AS LA CONFIANCE D'UN FAUCON ?!
IL S'APPELLE HORUS.
JE L'AI TROUVÉ TOUT PETIT.
IL EST MAGNIFIQUE.
TU VEUX L'APPRIVOISER ?

* PA-YOM : "L'EAU" EN ÉGYPTIEN, AUJOURD'HUI, LE FAYOUM.

DAME BAKEMOUT? VOICI MERESANKH QUI VEUT TE PARLER.
BONJOUR, DAME. TE RAPPELLES-TU DE MOI?
JE SUIS MERESANKH, LA FILLE DE L'ANCIEN GOUVERNEUR. J'AI GRANDI ICI...
MMM?... MERESANKH? JE NE SAIS PAS...
DAME BAKEMOUT A BEAUCOUP BAISSÉ CES DERNIERS TEMPS...
DAME, PEUX-TU ME MONTRER?... MAIS TU N'AS PLUS LA BAGUE?
BAGUE? MA FILLE, J'AI BEAUCOUP DE BIJOUX, REGARDE...
NON, NON, PAS CELA... LA BAGUE DONT JE PARLE AVAIT UN DESSIN...
DE L'ENCRE, DES CALAMES, DE QUOI ÉCRIRE, VITE!
DAME, TU N'EN TIRERAS RIEN, J'EN AI PEUR... ELLE EST TROP VIEILLE...
REGARDE CECI, BAKEMOUT. CELA NE TE DIT RIEN?
OOOH... LA BAGUE DE MON FRÈRE... OÙ EST-ELLE?
JE NE SAIS PAS... PARLE-MOI DE TON FRÈRE.
IL EST MORT IL Y A SI LONGTEMPS...
JE NE SAIS PAS CE QU'IL AVAIT FAIT, MAIS ILS N'ONT PAS VOULU ME RENDRE SON CORPS...
QUEL ÉTAIT SON NOM?

JE NE SAIS PLUS... ILS LE LUI ONT REPRIS. J'AI GARDÉ LA BAGUE EN SOUVENIR DE LUI.
VEUX-TU DIRE QUE TON FRÈRE A ÉTÉ JUGÉ INFÂME? POURQUOI?
DAME BAKEMOUT EST FATIGUÉE!
COMMENT OSES-TU PERSÉCUTER UNE VIEILLE FEMME QUI N'A PLUS SA TÊTE, À L'ÉVIDENCE?!
RAMENEZ-LA DANS SA CHAMBRE...
C'EST L'HEURE DE LA SIESTE!
DAME MERESANKH, SI TU AS D'AUTRES QUESTIONS, POSE-LES-MOI!
JE CROIS QUE ÇA NE SERA PAS NÉCESSAIRE.
JE LE CROIS AUSSI. À BIENTÔT, DAME MERESANKH.
VOUS SEREZ TOUJOURS LES BIENVENUS ICI.
...
NOUS VOILÀ POLIMENT JETÉS DEHORS.
TU AS VRAIMENT GRANDI ICI?
PAS SOUS LE RÈGNE DE NEÏTH! ELLE EST ARRIVÉE IL Y A QUELQUES MOIS.
IMENI...
SES BOUCLES D'OREILLES... CE STYLE ÉTRANGE...
J'AI VU...

* PARADIS ÉGYPTIEN.

Ce même soir, quelque part entre Pa-Yom et Pi-Ramsès...
BON, RÉSUMONS-NOUS.
LE FRÈRE DE BAKEMOUT EST MORT IL Y A CINQUANTE ANS, SANS DOUTE EXÉCUTÉ EN SECRET.
LA SECTE DONT IL FAISAIT PARTIE AVAIT PEUT-ÊTRE DÉCOUVERT UN TRÉSOR EN OBJETS D'OR. AUJOURD'HUI ENCORE, CET OR SERVIRAIT À ACHETER DES COMPLICES.
TELLE DAME NEITH, PAYÉE EN BOUCLES D'OREILLES EN OR, D'ÉTRANGE FACTURE...
CHHT...
QUELQU'UN APPROCHE...
JE N'ENTENDS RIEN!
FAIS-MOI CONFIANCE.
PASSE DE L'AUTRE CÔTÉ! RÉVEILLE LES HOMMES!
?!
AAAH!

NE LA TOUCHE PAS!
PASSE DE L'AUTRE CÔTÉ! VITE!
ILS SONT TROP NOMBREUX! ON NE VAINCRA PAS!
IL FAUT FUIR MERESANKH! ...SAUTE!

QUE FAIS-TU?!
SAUTER À L'EAU AVEC MA TUNIQUE? TU VEUX QUE JE ME NOIE?
SAIS-TU QUE LES AUTRES PEUPLES ...
...CONSIDÈRENT LES ÉGYPTIENNES COMME...
... DES FEMMES LÉGÈRES ...
PARCE QUE NOUS ALLONS LÉGÈREMENT VÊTUES? CES HOMMES SONT FAIBLES POUR SE LAISSER SI VITE TENTER!
N'ONT-ILS DONC PAS DE FEMMES CHEZ EUX?
PAS D'AUSSI BELLES QUE TOI!

* LE DIEU CROCODILE.

ON RENTRE À PI-RAMSÈS, COMME PRÉVU...
...MAIS À MA MANIÈRE.
...PAR LE DÉSERT.
ON NE LES A PAS RETROUVÉS, MAÎTRE.
JE SAIS.
...L'HOMME A DES CHEVEUX ROUX, MAÎTRE. CELA RISQUE DE POSER PROBLÈME.
C'EST POSSIBLE.
...À PI-RAMSÈS.
...CETTE TENTATIVE D'ÉLIMINATION ÉTAIT PRÉMATURÉE ET DANGEREUSE. IL FAUDRA ESSAYER AUTRE CHOSE...
NOUS AVONS UN SOUCI LÀ-BAS, SEIGNEUR. AVEC UN DE NOS HOMMES NOMMÉ TIYA. IL EST CONTRÔLEUR À LA MAISON DU TRÉSOR ROYAL.
PAR MAFDET!
JE HAIS CES IMPRÉVUS.

Pi-Ramsès, capitale du Double-Royaume.
C'EST LE PRINCE KHÂ ! LAISSEZ PASSER !

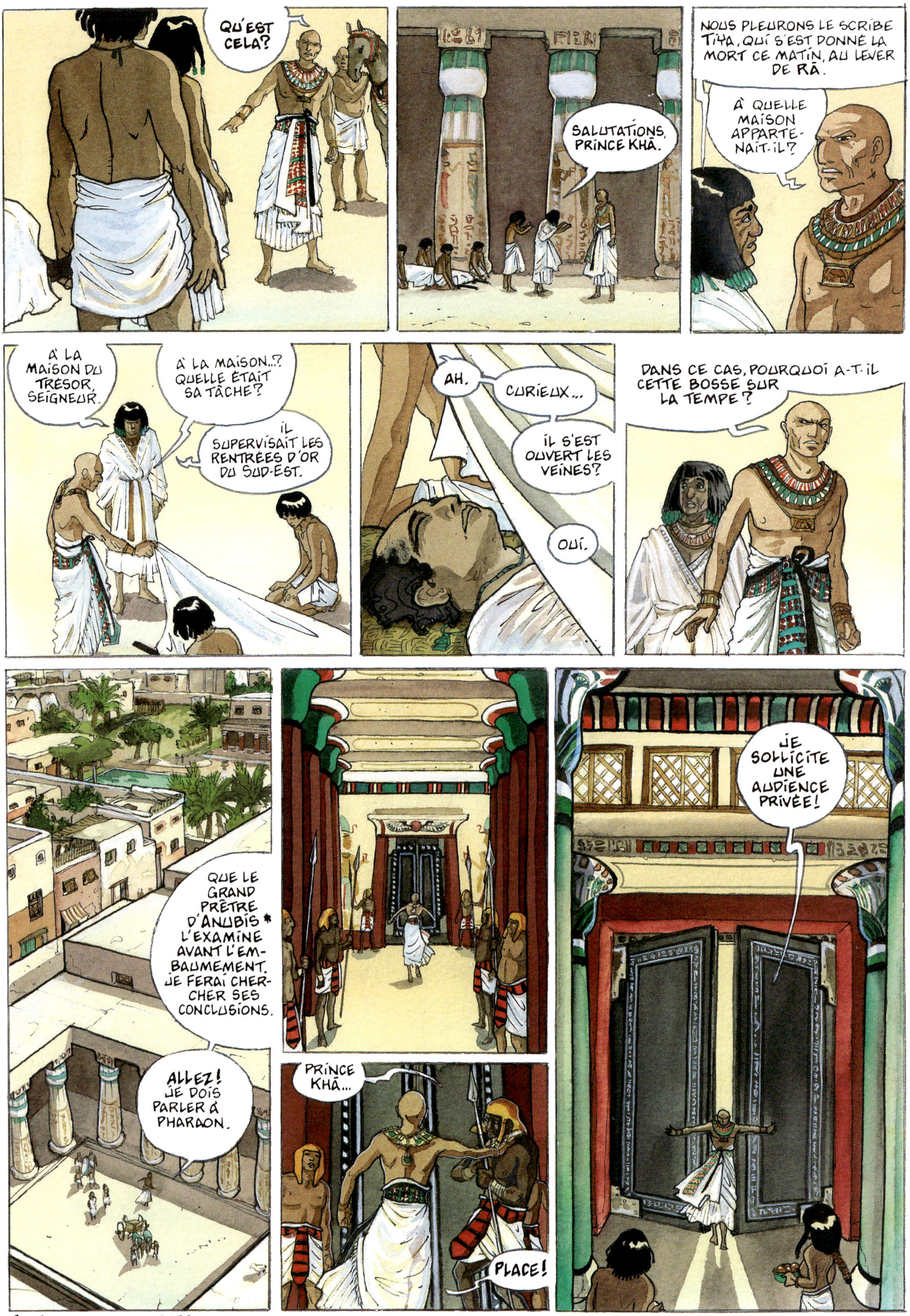

* DIEU DES EMBAUMEURS.

ACCORDÉ! QUE TOUT LE MONDE SORTE...
...JE DOIS PARLER AVEC MON FILS.
MONTE ME REJOINDRE ET PRENDS PLACE.
TON VISAGE EST GRAVE, KHAEMOUASET: QUE SE PASSE-T-IL ?
PÈRE, IL Y A QUELQUES JOURS, J'AI OUVERT UNE VIEILLE TOMBE: JE L'AI PRESQU'AUSSITÔT FAIT MURER ET GARDER...
...ELLE CONTENAIT LE CORPS D'UN MORT INCONNU, MANIFESTEMENT MEMBRE D'UNE SECTE IMPIE.

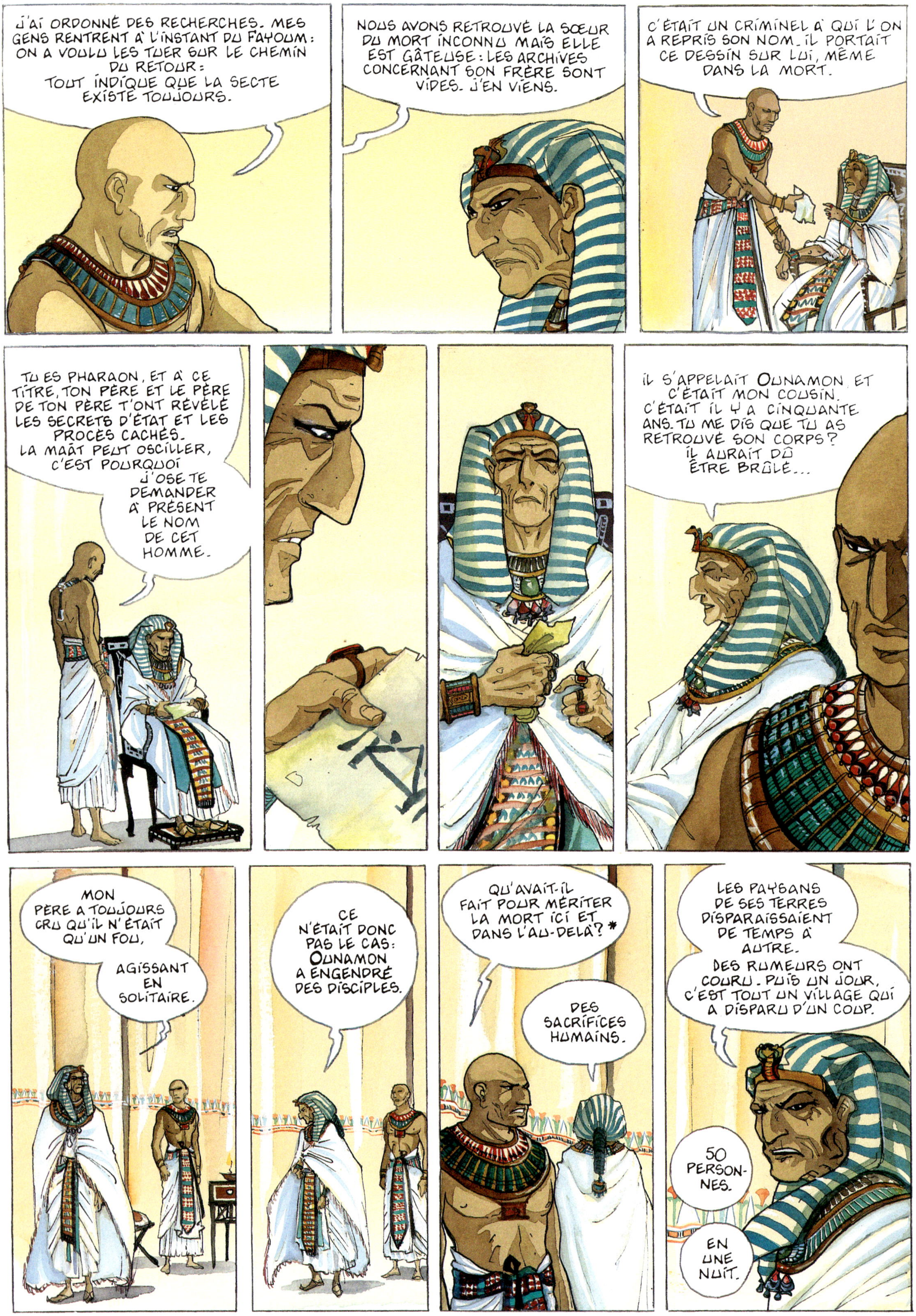

* VOIR GLOSSAIRE.

IL LES AVAIT TUÉS RITUELLEMENT, POUR QUE LES FORCES DE L'AU-DELÀ L'AIDENT À TROUVER ÇA. UNE VILLE. OSSUM.
IL SOUTENAIT QUE LA CITÉ ÉTAIT ÉTERNELLE PARCE QUE CONSTRUITE AVEC LA CHAIR DES DIEUX.
L'OR. HMM...
POUR ÉPARGNER LA FAMILLE ROYALE, IL A ÉTÉ JUGÉ EN SECRET ET CONDAMNÉ AU SUICIDE.
ALLONS AU JARDIN. IL N'Y A PERSONNE.
PÈRE, OUNAMON ÉTAIT PEUT-ÊTRE FOU... MAIS SES DISCIPLES D'AUJOURD'HUI ONT L'AIR ORGANISÉS ET INTELLIGENTS.
JE PENSE QUE CELA A UN RAPPORT AVEC L'OR.
CE MATIN UN ADMINISTRATEUR DE LA MAISON DU TRÉSOR A ÉTÉ ASSASSINÉ. CE N'EST PEUT-ÊTRE PAS UN HASARD.
L'HOMME S'OCCUPAIT DES TRANSACTIONS POUR L'OR VENANT DU SUD-EST.
OUNAMON ÉTAIT GOUVERNEUR DU SUD-EST.
PÈRE, TU DEVRAIS DEMANDER À VÉRIFIER LES ARRIVÉES D'OR DE CETTE RÉGION ! L'OR EST LA CHAIR DES DIEUX ET CELLE DES ROIS. SI TU N'EN AS PLUS L'ENTIER CONTRÔLE, CE SERA GRAVE !
MON FILS, TU OUBLIES À QUI TU PARLES !
JE SAIS CE QUE J'AI À FAIRE !

JE TE DEMANDE PARDON, PHARAON.
HMM... AU FAIT...
...TON SCRIBE EST TOUJOURS UNE FEMME?
OUI, MERESANKH.
POURQUOI AS-TU PRIS UNE FEMME COMME COLLABORATRICE?
MERESANKH EST AUSSI CAPABLE QU'UN HOMME... ET DE PLUS, J'AI PLAISIR À LA REGARDER!
HA HA HA!
JE DONNE UNE FÊTE À L'OCCASION DU MARIAGE D'OURENRO, TA DEMI-SOEUR.
DANS UN MOIS.
AMÈNE TA MERESANKH, J'AI HÂTE DE LA VOIR!
...EST-CE TOUJOURS UN ENTRETIEN PRIVÉ?
OUI.
ALORS, JE T'EN PRIE... NE SONGE PAS À MERESANKH POUR LE HAREM...
...LAISSE-LA-MOI...
? SI TU LA DÉSIRES...
...FAIS-EN TA CONCUBINE, ELLE SERA RAVIE.
ELLE NE VOUDRA JAMAIS, PÈRE.
REFUSER UN PRINCE DE SANG?! ELLE DOIT ÊTRE EXTRAORDINAIRE!
ELLE EST EXCEPTIONNELLE.
...
FAIS ATTENTION DE NE PAS TROP DONNER TON CŒUR, KHAEMOUASET.
...CELA NE M'EST ARRIVÉ QU'UNE FOIS, ET JE SOUFFRE ENCORE...
JE PRENDS CONGÉ, PÈRE.

JE SUIS ENVOYÉE PAR LE SEIGNEUR KHAEMOUASET POUR CONSULTER LES ARCHIVES. VOICI SON SCEAU!
ENTRE, DAME!
SECHEN, TU IRAS CHERCHER LE REPAS, J'EN AI POUR UN MOMENT.

*"LES BASSES EAUX". LE 2ème MOIS CORRESPOND À AVRIL.

...TU METTRAS LES TITRES ET LES FORMULES D'USAGE DANS CE TYPE DE LETTRE.
SEIGNEUR, ILS SONT LÀ !
IMENI ET DAME MERESANKH.
BIEN. FINIS CECI...
...JE REVIENS.
ILS SONT BIEN TOUCHANTS, CES DEUX-LÀ...
?

VOTRE COMPTE RENDU ÉTAIT TRÈS CLAIR.
IL FAUT AGIR, IMENI...
TU PARTIRAS DEMAIN MATIN POUR LE VILLAGE DÉSERTÉ IL Y A DEUX ANS.
CHERCHE. TROUVE.
Lieu-dit Les maisons blanches, quelques jours plus tard...

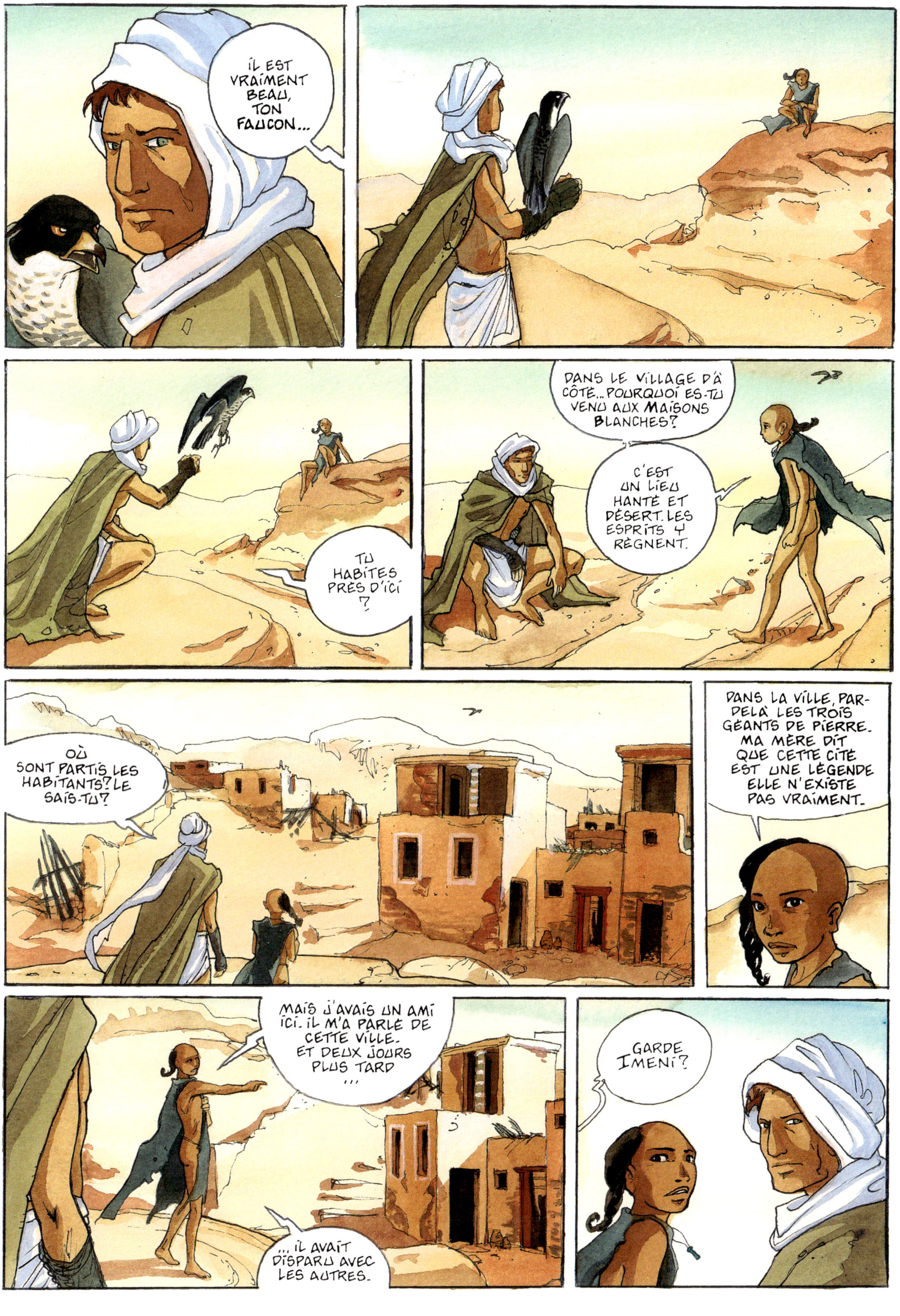
Il est vraiment beau, ton faucon...
Tu habites près d'ici ?
Dans le village d'à côté... Pourquoi es-tu venu aux Maisons Blanches ?
C'est un lieu hanté et désert. Les esprits y règnent.
Où sont partis les habitants ? Le sais-tu ?
Dans la ville, par-delà les trois géants de pierre. Ma mère dit que cette cité est une légende elle n'existe pas vraiment.
Mais j'avais un ami ici. Il m'a parlé de cette ville. Et deux jours plus tard ...
... il avait disparu avec les autres.
Garde Imeni ?

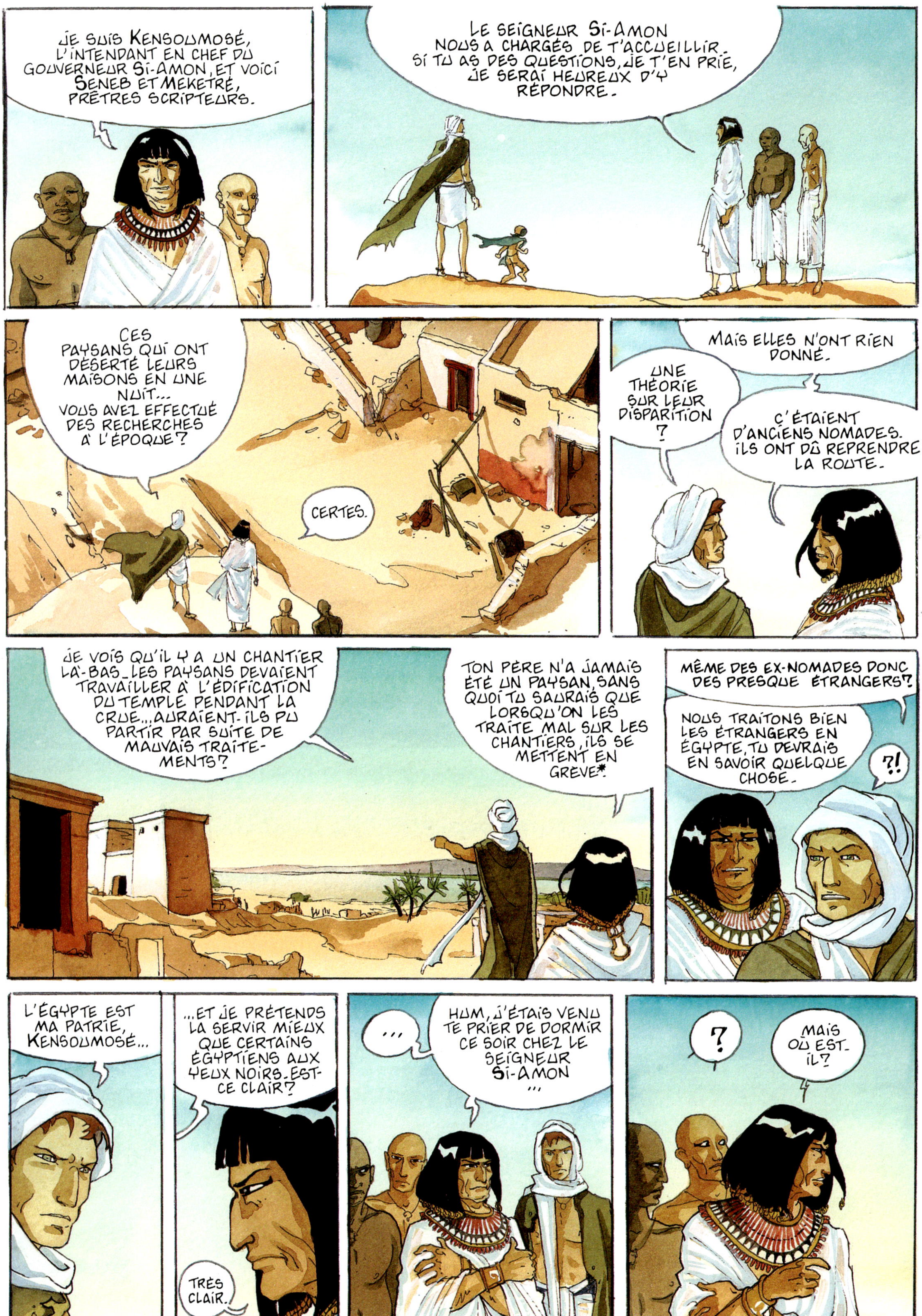

*voir glossaire.

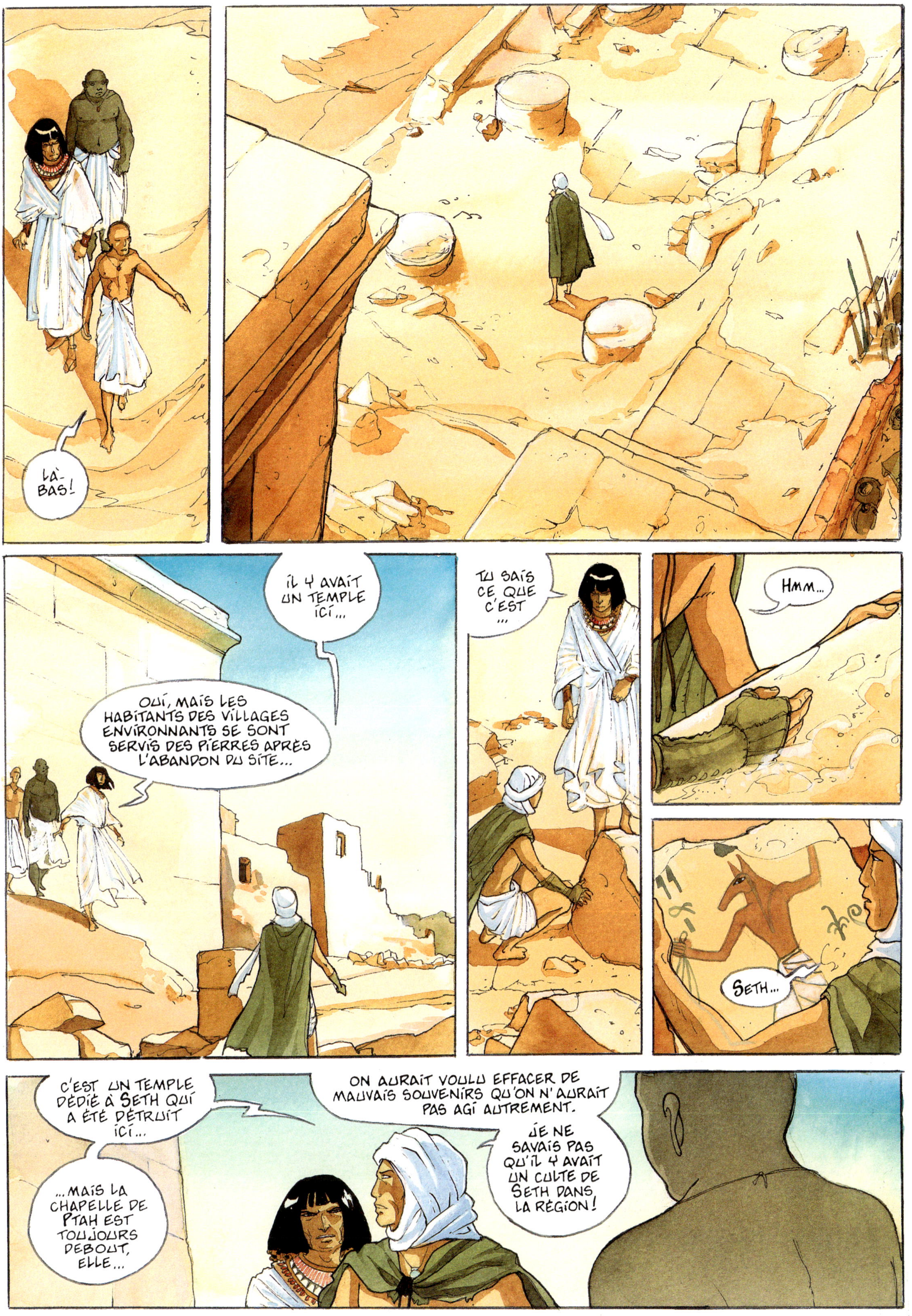
LÀ-BAS !
IL Y AVAIT UN TEMPLE ICI...
OUI, MAIS LES HABITANTS DES VILLAGES ENVIRONNANTS SE SONT SERVIS DES PIERRES APRÈS L'ABANDON DU SITE...
TU SAIS CE QUE C'EST ...
HMM...
SETH...
C'EST UN TEMPLE DÉDIÉ À SETH QUI A ÉTÉ DÉTRUIT ICI...
ON AURAIT VOULU EFFACER DE MAUVAIS SOUVENIRS QU'ON N'AURAIT PAS AGI AUTREMENT.
...MAIS LA CHAPELLE DE PTAH EST TOUJOURS DEBOUT, ELLE...
JE NE SAVAIS PAS QU'IL Y AVAIT UN CULTE DE SETH DANS LA RÉGION !

* PÈRE DE RAMSÈS II.

TU ES IMENI, L'ENVOYÉ DU PRINCE KHAEMOUASET? MON MAÎTRE TE SOUHAITE LA BIENVENUE.
IL NE PEUT PAS TE VOIR AVANT DEMAIN.
MAIS IL ESPÈRE QUE TU PASSERAS UNE BONNE NUIT: VOICI TA CHAMBRE.
BONSOIR, SI-AMON.
IL CROIT QUE JE SUIS TON INTENDANT. JE NE L'AIME PAS DU TOUT. IL FAUDRA AGIR.
... ET RENVOIE CETTE FILLE.
ELLE EST SOURDE.
...IMENI MOURRA CETTE NUIT. EN BUVANT LA BIÈRE EMPOISONNÉE DANS SA CHAMBRE...
...IL NE BOIRA PAS. CE N'EST PAS UN IMBÉCILE.
...OU TUÉ DE LA MAIN DE MES SOLDATS. ILS GARDENT SA PORTE.
ET SA FENÊTRE?
SA FENÊTRE ?!
AU SECOND ÉTAGE ?!
PARTI?! COMMENT ÇA, PARTI ?
MAIS COUREZ À SA RECHERCHE!
C'EST UN PISTEUR. UNE OMBRE. VOUS NE LE TROUVEREZ PAS.
IL EST DÉJÀ DANS LE DÉSERT.

IL EST REVENU!

IL FAUT QUE J'AILLE ME PRÉPARER.
CE SOIR A LIEU LA GRANDE FÊTE ROYALE À LAQUELLE JE SUIS CONVIÉE.
JE DOIS ALLER RENDRE COMPTE DE MA MISSION AUPRÈS DU SEIGNEUR KHÂ.
JE TE RETROUVERAI CE SOIR.
UNE FÊTE ROYALE ... J'AI PEUR, TU SAIS!
?
POURQUOI EMBRASSES-TU MA MAIN?
C'EST QU'ELLE SEULE N'EST PAS FARDÉE!

TON NOM, S'IL TE PLAÎT?
JE SUIS MERESANKH, FILLE DE SIPTAH ET D'ISET.
QUE LA JOIE SOIT SUR TOI, TU ES L'INVITÉE DE PHARAON. TU PEUX PASSER.

JE SUIS HEUREUX DE TE VOIR, MERESANKH ...
PHARAON T'ATTEND.
SUIS-MOI.
MAJESTÉS, DAME MERESANKH MON ASSISTANTE VOUS SALUE.
JE VOIS, KHÂ, JE VOIS, ET JE COMPRENDS.
JE NE SAISIS PAS. AI-JE DÉPLU?
AU CONTRAIRE.
PHARAON FAISAIT RÉFÉRENCE À UNE CONVERSATION QUE NOUS AVONS EUE IL Y A UN MOIS...
KHAEMOU-ASET?!

LE GRAND PRÊTRE DE SETH! PARENEFER, VIEIL AMI, VAS-TU BIEN?
CELA IRAIT MIEUX SI CETTE MAUDITE SECTE N'EXISTAIT PAS. ON M'A TOUT APPRIS, KHÂ, SUR TA DÉCOUVERTE.
QUEL MALHEUR! PHARAON VIENT JUSTE D'HONORER À NOUVEAU SETH POUR SA FORCE BÉNÉFIQUE... CES SACRIFICES HUMAINS VONT TOUT DÉTRUIRE...
ASSEYONS-NOUS, CALME-TOI!
ALORS TU ES LA SERVANTE DE MERESANKH?
OUI. MON NOM EST SELKET. ET TOI? QUI SERS-TU?
EXCUSE-MOI. TU CONNAIS LE GARDE IMENI? JE DOIS LUI REMETTRE ÇA.
DONNE-MOI CE MESSAGE. J'IRAI LE PORTER.
ET VA PRENDRE DES GÂTEAUX.
HMM... C'EST UN RENDEZ-VOUS...
TU SAIS LIRE?
MA MAÎTRESSE Y TENAIT.
KHÂ... VOICI TON ÉPOUSE...
OH!... VEUILLE M'EXCUSER MERESANKH. IL FAUT QUE JE L'ACCOMPAGNE QUELQUES INSTANTS PAR COURTOISIE.
?

* ÉPOUSE DE KHAEMOUASET.

MERESANKH ?!
C'EST DE LA FOLIE ! RETOURNE AU PALAIS !
LAISSE-MOI VENIR. JE POURRAIS DONNER L'ALERTE S'IL ARRIVAIT QUELQUE CHOSE !
MERY... TU N'AS PAS IDÉE DE CE QUI POURRAIT ARRIVER... JE N'AI BESOIN DE PERSONNE. JE VAIS DEVOIR VEILLER SUR TOI...
C'EST TROP TARD. LE PALAIS EST LOIN. EMMÈNE-MOI.
IL N'Y A PAS D'AUTRE SOLUTION, HEIN? VENEZ. RESTEZ À CÔTÉ DE MOI, PRÈS DES MURS.
JE LE VOIS.
MERESANKH, SAIS-TU TE SERVIR D'UN COUTEAU?
AU CAS OÙ.

MAIS...
ET TOI?
JE SAIS ME DÉFENDRE.
RESTE CACHÉE. PROTÈGE-TOI.
SENEB... C'EST BIEN TOI, QU'AS-TU À DIRE?
TU VIENS TROP... TARD... MAÎTRE...
?
ON M'A TUÉ...
IL... IL FAUT DÉTRUIRE OSSUM. C'EST UNE ABOMINATION... ELLE EST AU-DELÀ DES GÉANTS DE PIERRE - APRÈS BOUHEN ET SHÂAT... VERS LE SUD.
APRÈS MA MORT, METS UN SCARABÉE SUR MON CŒUR, SEIGNEUR. JE VEUX REVI... ...
JE FERAI FAIRE LES RITES, SENEB. REPOSE EN PAIX.
?
IMENI?

IL EST MORT? ON L'A TUÉ?
QUE FAIS-TU LÀ?
ET LE MESSAGE QUE TU LISAIS, QUE DISAIT-IL?
MERY
IL ME CONCERNE?
MONTRE-MOI...
"MAUDITS SOIENT CEUX QUI S'OPPOSENT AUX DESSEINS DES ADORATEURS DE SETH. IL ABANDONNERA LEUR PROGÉNITURE À APOPHIS, L'ENNEMI DES DIEUX."
MERY! CE N'EST QU'UNE MENACE!
MAÎTRESSE!
MERESANKH! ATTENDS!
LE PORTIER! ILS L'ONT TUÉ!
IL N'EST QU'ASSOMMÉ! MERY!
KHETI! MON FILS!

N'Y VA PAS!!
LAISSE-MOI FAIRE ...
APPORTE-MOI UN BÂTON ET UN LINGE.
... ET PRIE POUR MOI.

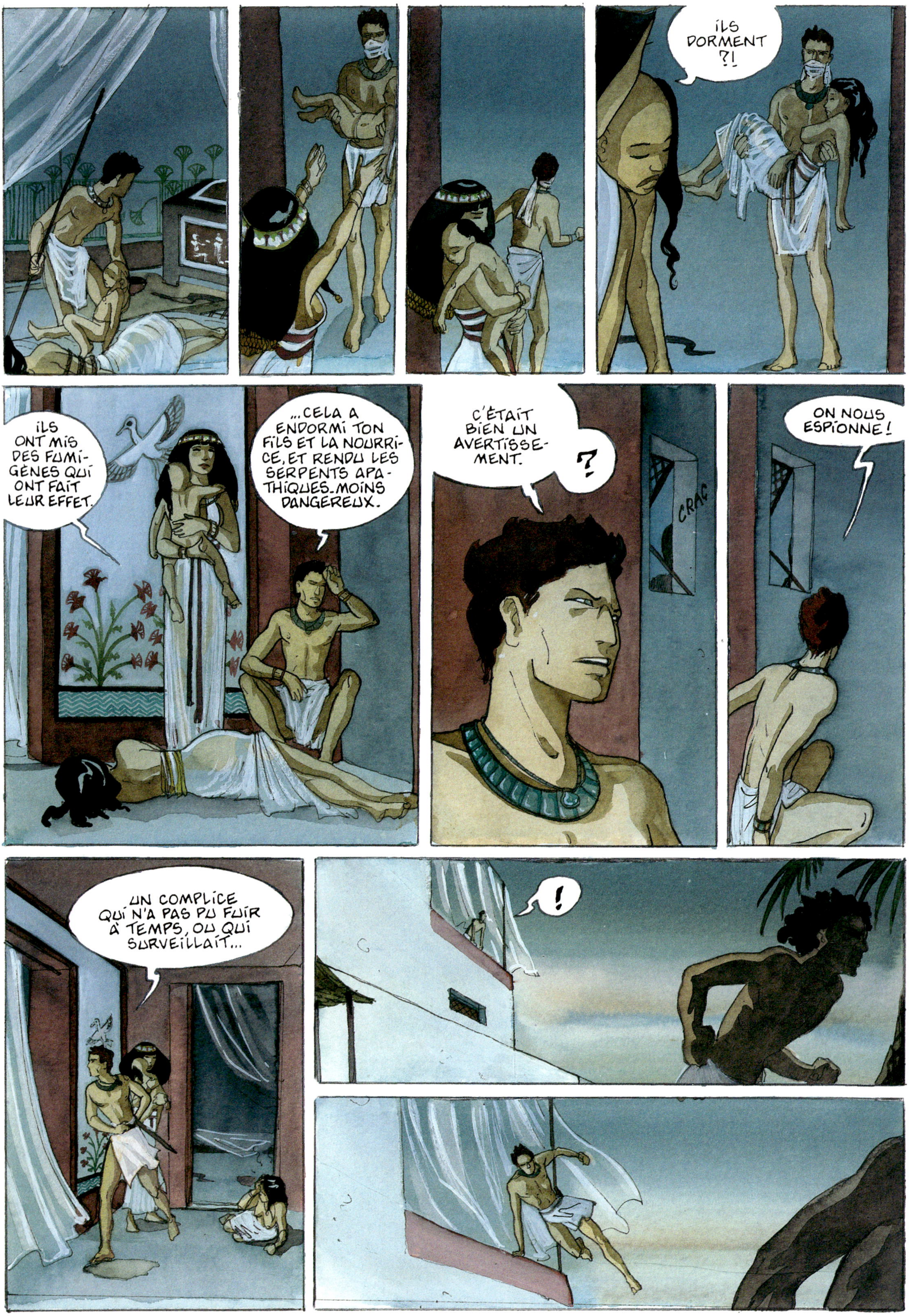
ILS DORMENT ?!
ILS ONT MIS DES FUMIGÈNES QUI ONT FAIT LEUR EFFET.
...CELA A ENDORMI TON FILS ET LA NOURRICE, ET RENDU LES SERPENTS APATHIQUES. MOINS DANGEREUX.
C'ÉTAIT BIEN UN AVERTISSEMENT.
?
CRAC
ON NOUS ESPIONNE !
UN COMPLICE QUI N'A PAS PU FUIR À TEMPS, OU QUI SURVEILLAIT...
!

*AUXILIAIRES DE POLICE NUBIENS.

COMMENT AS-TU PU L'EMMENER AVEC TOI ?!
ELLE AVAIT LU LE MESSAGE, JE N'AI PAS PU L'EMPÊCHER DE VENIR.
MOI, J'AURAIS SU L'EN EMPÊCHER...
SEULE LA VOLONTÉ DES DIEUX VOUS A SAUVÉS CETTE NUIT.
LA VOLONTÉ DES DIEUX...
JE TIENS À ELLE.
JE LA DÉFENDRAI AU PÉRIL DE MA VIE !
... JE L'AVAIS BIEN COMPRIS.
...
LAISSONS CELA, IMENI. RÂ VA COMMENCER SA COURSE. NOUS SOMMES ATTENDUS...
...POUR DÉCIDER DE L'AVENIR.

JE VOIS QUE NOUS SOMMES TOUS PRÉSENTS.
PARENEFER, GRAND-PRÊTRE DE SETH... MERESANKH ...
LE SCRIBE ROYAL HOUY. TU PRENDRAS LES NOTES.
... ET LE GÉNÉRAL SENMOUT.
ASSEYEZ-VOUS, NOUS ALLONS COMMENCER.
VOUS AVEZ TOUS ÉTÉ MIS AU COURANT DE L'EXISTENCE D'UNE SECTE, ADORATRICE DU CÔTÉ SOMBRE DE SETH. ELLE PROPAGE SES CROYANCES DANS LE SUD DU PAYS.
LES GENS DU CRU SAVENT MAIS N'OSENT PARLER, LES CONVERTIS FINISSENT PAR DISPARAÎTRE, LES CHEFS LOCAUX SONT COMPROMIS.
LES MAÎTRES DE CE CULTE ONT TROUVÉ UNE SOURCE D'OR. ET LE PROBLÈME PEUT DEVENIR POLITIQUE.
...S'ILS ACHÈTENT LES ROITELETS VASSAUX DE L'ÉGYPTE, ILS DÉSTABILISERONT TOUTE LA RÉGION...
...ILS VOUDRONT LE POUVOIR. ILS ONT ESSAYÉ D'EMPÊCHER NOTRE ENQUÊTE À PLUSIEURS REPRISES. CETTE NUIT ...
ON A ESSAYÉ D'INTIMIDER DAME MERESANKH. UN DE LEURS HOMMES A ÉTÉ ARRÊTÉ. IL A PARLÉ.
IL NE SAVAIT QUE LES NOMS DE SES CHEFS DIRECTS ...
...MAIS NOUS A CONFIRMÉ L'EXISTENCE D'OSSUM, LA VILLE D'OR. UNE ANCIENNE LÉGENDE.

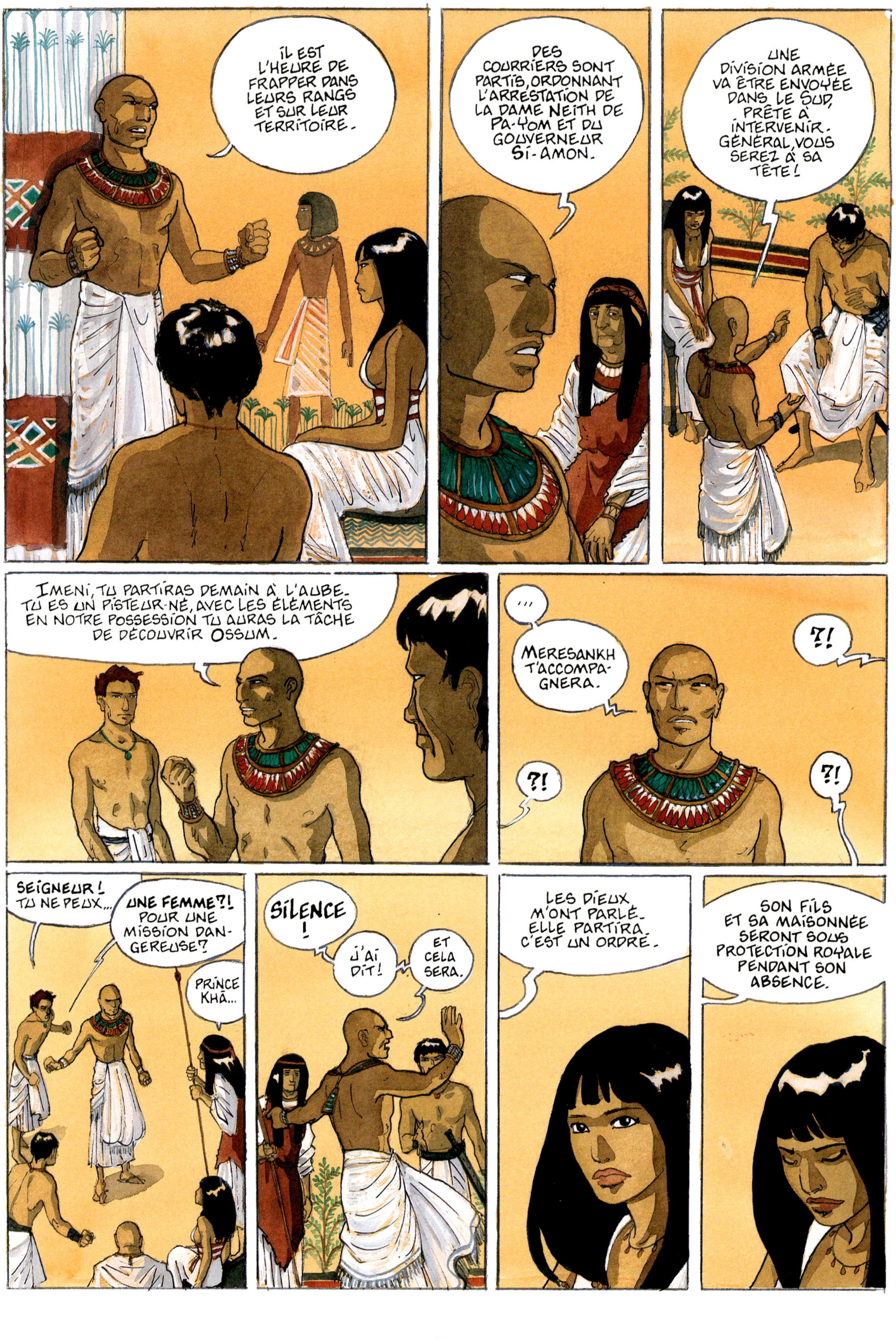

IL EST L'HEURE DE FRAPPER DANS LEURS RANGS ET SUR LEUR TERRITOIRE.
DES COURRIERS SONT PARTIS, ORDONNANT L'ARRESTATION DE LA DAME NEITH DE PA-YOM ET DU GOUVERNEUR SI-AMON.
UNE DIVISION ARMÉE VA ÊTRE ENVOYÉE DANS LE SUD, PRÊTE À INTERVENIR. GÉNÉRAL, VOUS SEREZ À SA TÊTE !
IMENI, TU PARTIRAS DEMAIN À L'AUBE. TU ES UN PISTEUR-NÉ, AVEC LES ÉLÉMENTS EN NOTRE POSSESSION TU AURAS LA TÂCHE DE DÉCOUVRIR OSSUM.
...
MERESANKH T'ACCOMPAGNERA.
?!
?!
?!
SEIGNEUR ! TU NE PEUX...
UNE FEMME ?! POUR UNE MISSION DANGEREUSE ?
PRINCE KHÂ...
SILENCE !
J'AI DIT !
ET CELA SERA.
LES DIEUX M'ONT PARLÉ. ELLE PARTIRA. C'EST UN ORDRE.
SON FILS ET SA MAISONNÉE SERONT SOUS PROTECTION ROYALE PENDANT SON ABSENCE.

LE FAUCON D'IMENI SERVIRA DE MESSAGER ENTRE VOUS ET LA DIVISION DE PTAH QUI SERA STATIONNÉE À BOUHEN.
DES QUESTIONS, PARENEFER ?
NON, PRINCE. TOUT ME SEMBLE PARFAITEMENT CLAIR.
GÉNÉRAL... DES PRÉCISIONS ?
NON, PRINCE. J'ATTENDS TES ORDRES.
JE TE LES FERAI PARVENIR.
BIEN. TOUT A ÉTÉ DIT. VOUS POUVEZ ALLER...
SEIGNEUR.
SILENCE, IMENI ! TU ES ICI EN QUALITÉ DE TÉMOIN ET D'ENQUÊTEUR. NE DISCUTE JAMAIS MES ORDRES. PRÉPAREZ VOTRE VOYAGE. LAISSEZ-MOI.
...
ALORS ?
Y A-T-IL DES TRAÎTRES PARMI EUX ?
DIFFICILE À DIRE. NOUS LES SURVEILLERONS.

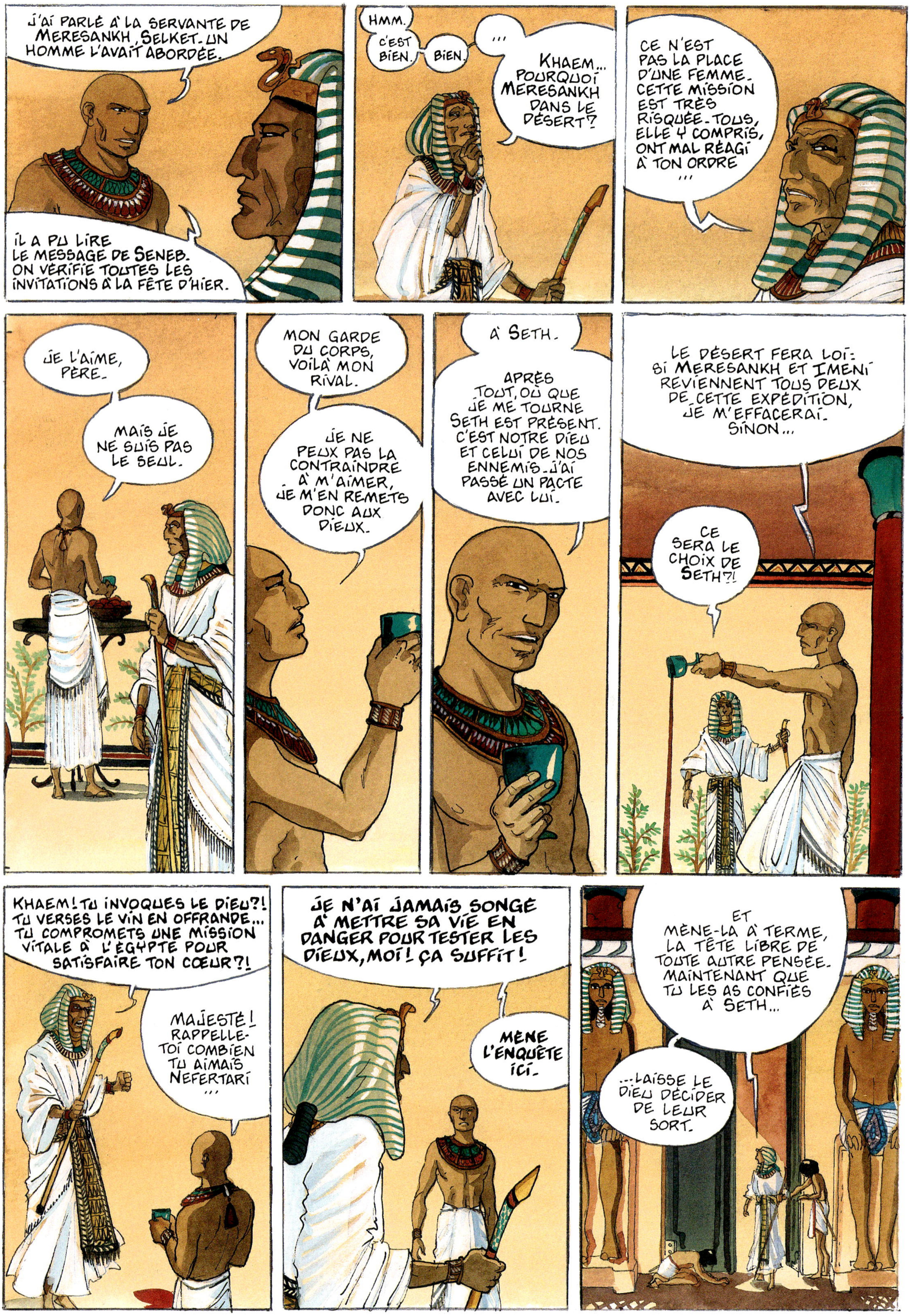
J'AI PARLÉ À LA SERVANTE DE MERESANKH, SELKET. UN HOMME L'AVAIT ABORDÉE.
IL A PU LIRE LE MESSAGE DE SENEB. ON VÉRIFIE TOUTES LES INVITATIONS À LA FÊTE D'HIER.
HMM.
C'EST BIEN.
BIEN.
...
KHAEM... POURQUOI MERESANKH DANS LE DÉSERT?
CE N'EST PAS LA PLACE D'UNE FEMME. CETTE MISSION EST TRÈS RISQUÉE. TOUS, ELLE Y COMPRIS, ONT MAL RÉAGI À TON ORDRE...
JE L'AIME, PÈRE.
MAIS JE NE SUIS PAS LE SEUL.
MON GARDE DU CORPS, VOILÀ MON RIVAL.
JE NE PEUX PAS LA CONTRAINDRE À M'AIMER, JE M'EN REMETS DONC AUX DIEUX.
À SETH.
APRÈS TOUT, OÙ QUE JE ME TOURNE SETH EST PRÉSENT. C'EST NOTRE DIEU ET CELUI DE NOS ENNEMIS. J'AI PASSÉ UN PACTE AVEC LUI.
LE DÉSERT FERA LOI: SI MERESANKH ET IMENI REVIENNENT TOUS DEUX DE CETTE EXPÉDITION, JE M'EFFACERAI. SINON...
CE SERA LE CHOIX DE SETH?!
KHAEM! TU INVOQUES LE DIEU?! TU VERSES LE VIN EN OFFRANDE... TU COMPROMETS UNE MISSION VITALE À L'ÉGYPTE POUR SATISFAIRE TON CŒUR?!
MAJESTÉ! RAPPELLE-TOI COMBIEN TU AIMAIS NEFERTARI...
JE N'AI JAMAIS SONGÉ À METTRE SA VIE EN DANGER POUR TESTER LES DIEUX, MOI! ÇA SUFFIT!
MÈNE L'ENQUÊTE ICI.
ET MÈNE-LA À TERME, LA TÊTE LIBRE DE TOUTE AUTRE PENSÉE. MAINTENANT QUE TU LES AS CONFIÉS À SETH...
...LAISSE LE DIEU DÉCIDER DE LEUR SORT.

QU'IL PARTE À L'AUBE.
BIEN, DAME COBRA.
À L'AUBE.

VEILLE SUR MON FILS, SELKET, COMME S'IL ÉTAIT LE TIEN.
C'EST L'HEURE! À VOS PLACES!
LARGUEZ LES AMARRES!
FIN DE LA PREMIÈRE PARTIE. PROCHAIN ÉPISODE: MERESANKH OU LE CHOIX DE SETH.

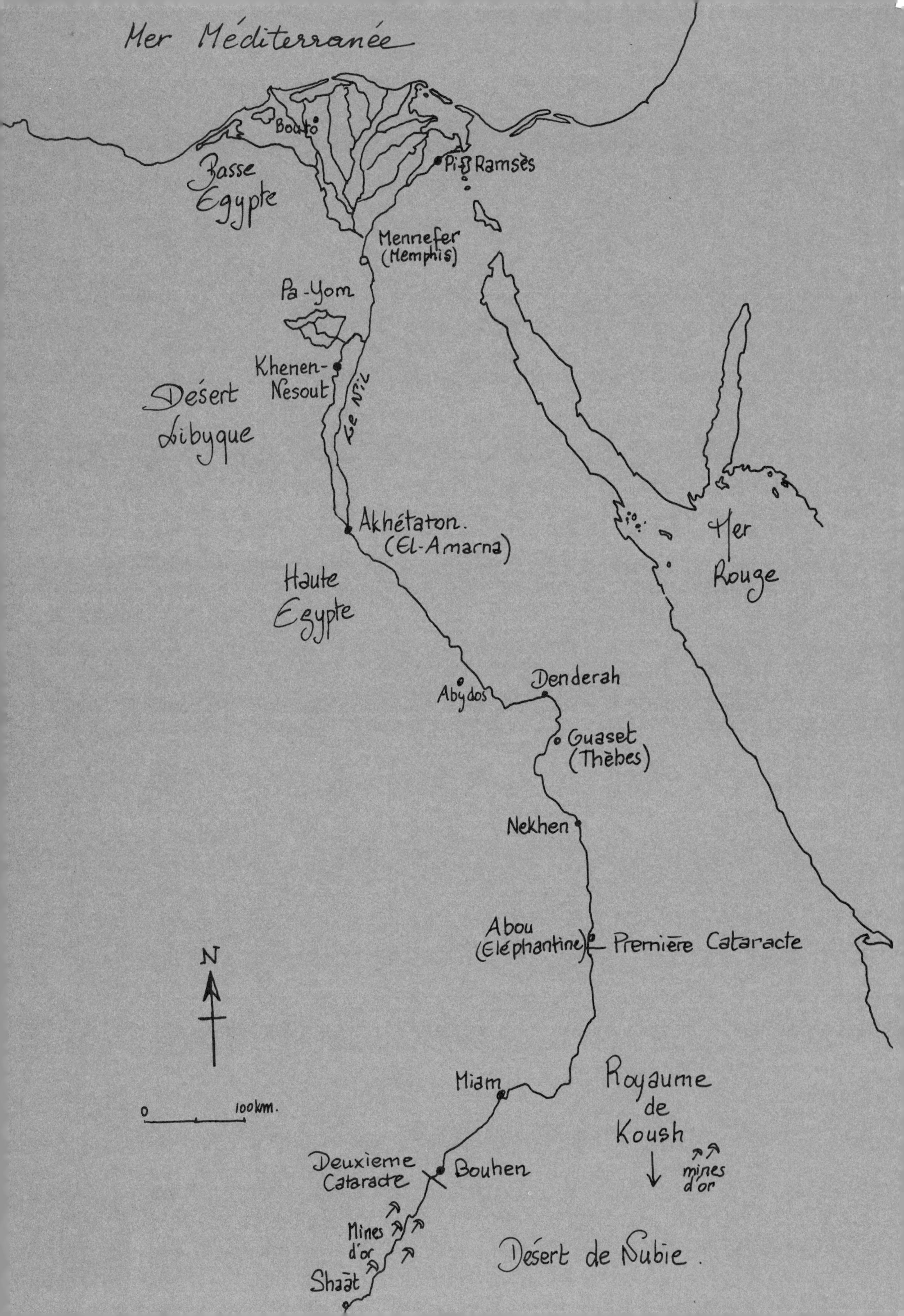
Mer Méditerranée
Bouto
Basse Egypte
Pi-Ramsès
Mennefer
(Memphis)
Pa-Yom
Khenen-
Nesout
Désert
Libyque
Le Nil
Akhétaton.
(El-Amarna)
Haute
Egypte
Mer
Rouge
Abydos
Denderah
Guaset
(Thèbes)
Nekhen
Abou
(Eléphantine)
Première Cataracte
N
0
100km.
Miam
Royaume
de
Koush
mines
d'or
Deuxieme
Cataracte
Bouhen
Mines
d'or
Shaât
Désert de Nubie.